GARY CHAPMAN

Die 5 Sprachen der Liebe

Mit Bildern
von Katja Hogh

Francke

Über den Autor:
Dr. Gary Chapman hat Anthropologie studiert und war viele Jahre in der Paarberatung tätig. Er ist der Autor zahlreicher Bücher und als Experte für Beziehungsfragen international bekannt. Mit seinem New York Times-Bestseller „Die 5 Sprachen der Liebe“, der in über 60 Sprachen übersetzt wurde, hat er einen neuen Schlüssel zur Kommunikation gefunden und ein Millionenpublikum erreicht. Zusammen mit seiner Frau Karolyn lebt er in North Carolina.

Über die Künstlerin:
Katja Hogh hat sich 2001 als freischaffende Künstlerin mit der Werkstatt „Eden Arts“ selbständig gemacht. Sie ist verheiratet und lebt mit ihrem Mann in Buch am Wald.
Ihre Homepage: www.edenarts.de

Bibliografische Information der Deutschen Nationalbibliothek
Die Deutsche Nationalbibliothek verzeichnet diese Publikation in der Deutschen Nationalbibliografie; detaillierte bibliografische Daten sind im Internet über https://dnb.de abrufbar.

3. Auflage 2025
ISBN 978-3-96362-097-3

Am Schwanhof 19, 35037 Marburg an der Lahn
Aquarelle und Umschlagbild: Eden Arts / Katja Hogh
www.edenarts.de
Umschlaggestaltung: Francke-Buch GmbH
Satz: Francke-Buch GmbH
Printed in Poland

www.francke-buch.de
info@francke-buch.de

Inhalt

Für Sigrid, eine Frau mit einem großen Herzen.

Katja Hogh

Wo bleibt die Liebe nach der Hochzeit?

Warum scheinen nur so wenige Paare das Geheimnis darum zu kennen, wie man die Liebe auf Dauer am Leben erhält? Warum gibt es so viele Paare, die nach einem Kommunikationsseminar mit vielen guten Ideen, wie das Gespräch wieder in Gang gebracht werden kann, nach Hause gehen, nur um dort zu merken, dass sie all diese Ideen gar nicht umsetzen können?

Das Ziel dieses Buches ist es, eine Antwort auf diese Fragen zu finden. Natürlich gibt es schon jede Menge hilfreiche Bücher und Artikel zu diesem Thema. Doch das Problem ist, dass wir eine Grundwahrheit bisher übersehen haben: Die Menschen sprechen alle ganz unterschiedliche Sprachen der Liebe. Die Linguistik kennt die großen Weltsprachen: Japanisch, Chinesisch, Spanisch, Englisch, Portugiesisch, Deutsch und Französisch. Die meisten Menschen lernen zunächst die Sprache ihrer Eltern und Geschwister, die sogenannte Muttersprache. Später lernen wir möglicherweise noch weitere Sprachen, Fremdsprachen. Das kostet uns meist aber schon sehr viel mehr Mühe.

Wenn wir nur unsere Muttersprache sprechen und jemandem begegnen, der auch nur die eigene Muttersprache beherrscht, dann wird es uns schwerfallen, ins Gespräch zu kommen.

Die Sprachunterschiede sind ein typisches Merkmal unserer menschlichen Zivilisation. Wenn wir über die Kulturgrenzen hinweg wirklich ins Gespräch kommen wollen, dann müssen wir Fremdsprachen lernen.

In der Liebe ist das ganz ähnlich. Ihre ganz persönliche Sprache der Liebe unterscheidet sich vielleicht so sehr von der Ihres Partners, wie sich Chinesisch und Deutsch voneinander unterscheiden. Sosehr Sie sich auch bemühen, Ihre Liebe in der eigenen Muttersprache zum Ausdruck zu bringen, Sie werden nicht verstanden, wenn der andere nur Chinesisch spricht.

*Wir müssen bereit sein,
die Liebessprache unseres Partners zu lernen,
wenn wir ihm unsere Liebe so zeigen wollen, dass er sie versteht.*

Nach vielen Jahren Eheberatung bin ich zu der Erkenntnis gelangt, dass es fünf Sprachen der Liebe und unzählige Dialekte gibt – fünf Arten, wie Menschen ihre Liebe anderen mitteilen.

Wie man innerhalb einer bestimmten Sprache die Liebe zum Ausdruck bringt, bleibt der eigenen Fantasie überlassen.

Entscheidend ist nur, dass man auch die Sprache des andern spricht.

Erst wenn Sie herausgefunden haben, welche Muttersprache der Liebe Ihr Partner spricht, haben Sie den Schlüssel zu einer lang andauernden und liebevollen Beziehung gefunden. Die Liebe muss sich keineswegs gleich nach der Hochzeit verflüchtigen. Um sie aber zu erhalten, müssen die meisten von uns sich die Mühe machen, eine Fremdsprache der Liebe zu erlernen. Wir können uns nicht auf unsere Muttersprache beschränken, wenn der Partner sie nicht versteht.

Etwas in unserem Wesen schreit nach der Liebe eines anderen.

Zur Existenzgrundlage des Menschen gehört das Verlangen, jemandem vertrauen zu können und geliebt zu werden.

Die Ehe ist dazu da, dieses Bedürfnis nach Nähe und Liebe zu stillen. Deshalb sprechen auch die alten biblischen Schriften davon, dass Mann und Frau ein Fleisch werden. Das heißt nicht, dass der einzelne Mensch seine Identität verliert. Vielmehr wird nun einer in das Leben des anderen mit einbezogen, sodass eine große Vertrautheit zwischen den Partnern entsteht.

Aber so wichtig die Liebe auch ist, so schwer fassbar ist sie auch. Ich habe so vielen Ehepaaren zugehört, die ihr verborgenes Leid offenbarten.

Und einige kamen auch nur, um mir mitzuteilen, dass sie von der Ehe genug hatten. Ihre Träume vom großen Glück waren im rauen Wind der Realität wie Seifenblasen zerplatzt.

Könnte es sein, dass sich bei Paaren, die einen solchen innerlichen Schmerz verspüren, tief drinnen ein „emotionaler Liebestank" verbirgt, der leer ist? Könnte die Ehe wiederbelebt werden, wenn wir eine Möglichkeit fänden aufzutanken? Würde es dem Paar gelingen, eine Atmosphäre des Vertrauens zu schaffen, wenn der Tank wieder voll wäre? Könnte dieser Tank am Ende der Schlüssel zum Eheglück sein?

EDEN-ARTS

*Wer die fünf Sprachen der Liebe kennt
und die Muttersprache der Liebe seines Partners beherrscht,
darf mit radikalen Verhaltensänderungen rechnen.
Menschen verhalten sich anders,
wenn ihr Liebestank gefüllt ist.*

Bevor wir uns genauer mit den fünf Sprachen der Liebe beschäftigen, möchte ich noch ein wichtiges und manchmal verwirrendes Phänomen ansprechen: die berauschende Erfahrung, die man macht, wenn man sich verliebt.

Auf ihrem Höhepunkt macht uns diese Erfahrung vollkommen euphorisch. Wir sind emotional von dem anderen völlig eingenommen. Wenn wir abends einschlafen, dann denken wir an ihn oder sie. Wenn wir morgens aufwachen, gilt dem anderen unser erster Gedanke. Wir sehnen uns danach, mit ihm oder ihr zusammen zu sein.

Abgesehen davon, dass wir den anderen für perfekt halten, sind wir davon überzeugt, dass die wahre Liebe ewig halten wird und die Gefühle des Augenblicks von Dauer sein werden. Nichts wird zwischen uns stehen können. Nichts wird die Liebe füreinander beeinträchtigen. Der Charme des anderen hat uns verzaubert. Und wir haben noch nichts Schöneres erlebt als diese Liebe. Wir haben zwar schon mitbekommen, dass so manchem Paar diese Gefühle abhandengekommen sind, aber uns wird das nicht passieren.

Doch nach und nach schweben wir aus den Wolken herab und unsere Füße ste-

hen wieder fest auf dem Boden. Unsere Augen werden geöffnet und wir sehen die Makel im Gesicht des anderen. Wir erkennen, dass ein paar seiner Wesensmerkmale ziemlich nervig sind. Plötzlich merken wir, dass der andere uns wirklich verletzen und auch einmal richtig wütend werden kann. Vielleicht wirft er uns sogar harte Worte an den Kopf und kritisiert unsere Person. Diese kleinen Wesensmerkmale, die wir in unserer Verliebtheit übersehen haben, werden dann zu riesigen Bergen.

Willkommen in der Welt der Ehe, in der die Haare morgens im Waschbecken liegen und der Spiegel immer mit kleinen weißen Pünktchen übersät ist. Es ist eine Welt, in der die Schuhe nicht von allein in den Schrank wandern und Schubladen sich nicht von selbst schließen, in der die Mäntel die Bügel nicht mögen und die Socken sich bei der Wäsche verkrümeln. In dieser Welt kann ein Blick töten und ein Wort zunichtemachen. Liebhaber können zu Feinden werden und die Ehe ein Schlachtfeld sein.

Was ist nun aus der Verliebtheit geworden? Sie war nichts weiter als eine Illusion. Wir haben einen Blankoscheck unterschrieben. Wen wundert es da noch, dass viele von der Ehe und dem Partner, den sie einmal geliebt haben, enttäuscht sind. Und wenn wir aufs Glatteis geführt wurden, haben wir wohl das Recht, zornig zu werden. War es denn überhaupt die wahre, echte Liebe? Ich glaube schon! Das Problem lag eher an den falschen Vorstellungen über das Wesen der Liebe.

Wenn wir verliebt sind, gaukelt uns unsere Euphorie vor, dass wir bereits eine perfekte Beziehung haben. Wir haben das Gefühl, zueinander zu gehören. Und wir glauben, dass wir alle Probleme überwinden können.

Haben wir jetzt, wo wir dank unserer Verliebtheit in eine Ehe geschlittert sind, nur noch zwei Möglichkeiten? Entweder wir leben ein unglückliches Leben an der Seite unseres Ehepartners, oder wir verlassen das sinkende Schiff und versuchen es noch einmal?

Es gibt eine bessere Alternative: Wir können die Erfahrung des Verliebtseins als das erkennen, was es ist – ein vorübergehendes emotionales Hoch – und dann dazu übergehen, die wahre Liebe zu unserem Partner zu suchen.

Das emotionale Bedürfnis nach Liebe muss gestillt werden, wenn wir emotional gesund sein wollen.

Wir sehnen uns nach der Zuwendung und Liebe des Partners. Wir fühlen uns sicher und geborgen, wenn wir das beruhigende Gefühl haben können, dass wir vom andern angenommen und geliebt sind und unser Wohlbefinden ihm ein Herzensanliegen ist. Diese Gefühle sind uns zwar schon begegnet, als wir noch verliebt waren, und es war einfach himmlisch, solange es anhielt. Unser Fehler war nur, dass wir meinten, all das würde ohne unser Zutun für immer so bleiben.

Wenn Liebe eine Entscheidung ist, haben wir die Möglichkeit, den andern auch dann noch zu lieben, wenn die Phase des Verliebtseins vorbei und die Realität zurückgekehrt ist. Diese Art von Liebe beginnt mit einer bestimmten Haltung, einer bestimmten Art zu denken. Liebe ist die Haltung, die dem anderen sagt: „Ich bin mit dir verheiratet und ich habe mich entschieden, für deine Interessen einzutreten.“ Derjenige, der sich so entschieden hat, wird dann auch Wege finden, diesen Entschluss in die Tat umzusetzen.

Schon viele Jahre stelle ich die fünf Sprachen der Liebe vor. Tausende Ehepaare können bestätigen, dass dieses Konzept ihre Ehe revolutioniert und das emotionale Klima ihrer Ehe von Grund auf verbessert hat.

Wenn der Liebestank Ihres Partners gefüllt ist und er sich Ihrer Liebe sicher sein kann, dann sieht die Welt gleich ganz anders aus. Es ist hell in ihr. Und so wird er das Beste aus seinem Leben machen können.

Ein Mensch, der verliebt ist, gibt sich der Illusion hin, der andere sei perfekt.

Lob und Anerkennung

Liebessprache Nummer 1

Mark Twain sagte einmal: „Von einem netten Kompliment kann ich zwei Monate leben.“ Wenn wir Twain wörtlich nehmen, hätten sechs Komplimente pro Jahr ausgereicht, um seinen Liebestank ausreichend gefüllt zu halten. Ihr Partner braucht vermutlich mehr.

Eine Möglichkeit, Ihre Liebe auszudrücken, besteht darin, Mut machende Worte zu gebrauchen. Salomo, einer der Urheber der alten hebräischen Weisheitsliteratur, schrieb: „Worte haben Macht: Sie können über Leben und Tod entscheiden.“ (Sprüche 18,21) Viele Paare haben noch nicht begriffen, welche Wirkung es hat, wenn beide sich gegenseitig Lob und Anerkennung aussprechen. Salomo schreibt an anderer Stelle: „Sorgen drücken einen Menschen nieder – aber freundliche Worte richten ihn wieder auf.“ (Sprüche 12,25)

Komplimente oder Worte der Ermutigung vermitteln Menschen, die diese Liebessprache sprechen, besonders deutlich das Gefühl, geliebt zu werden. Vor allem dann, wenn es sich um offene und direkte Anerkennung handelt wie zum Beispiel:

- „Du siehst richtig toll aus in deinem neuen Anzug."
- „Wow, das Kleid steht dir aber gut!"
- „Es war richtig lieb von dir, dass du gestern Abend noch abgewaschen hast."

Wie würde sich wohl das emotionale Klima einer Ehe verändern, wenn die Partner regelmäßig solches Lob zu hören bekämen?

Ermutigende Worte

Lob ist nur eine Art, dem Partner Anerkennung auszusprechen. Eine andere ist die Ermutigung. Wir alle kennen Lebensbereiche, in denen wir uns unsicher fühlen. Uns fehlt der Mut und dieser Mangel hindert uns oft daran, das zu erreichen, was wir uns vorgenommen haben. Das, was in unserem Partner aufgrund von Ängsten und Unsicherheit schlummert, wartet vielleicht nur darauf, von uns durch ermutigende Worte geweckt zu werden.

Die meisten von uns haben mehr Potenzial, als sie je entfalten können. Uns fehlt ganz einfach oft nur der Mut. Ein liebevoller Partner kann hier der entscheidende Katalysator sein. Vielleicht fällt es Ihnen schwer, jemanden zu loben. Es ist möglicherweise nicht Ihre Muttersprache der Liebe. Und so kann es sein, dass Sie große Mühe haben, diese „Fremdsprache" zu erlernen. Das wird besonders dann so sein, wenn Ihnen von der Anlage her Kritik besonders leicht von den Lippen geht.

Freundliche Worte

Die Liebe ist freundlich. Deshalb ist es so wichtig, dass wir freundliche Worte gebrauchen, wenn wir unsere Liebe ausdrücken wollen. Das hat viel mit unserer Art zu reden zu tun. Dieselbe Aussage kann zwei verschiedene Bedeutungen haben, je nachdem, wie wir sie sagen. Der Satz „Ich liebe dich" drückt, wenn er freundlich und zärtlich gesagt wird, echte Liebe aus. Doch wie sieht es aus, wenn wir ein Fragezeichen dahintersetzen: „Ich liebe dich?" Das verändert die Bedeutung dieser drei Worte von Grund auf. Manchmal sagen wir mit unseren Worten das eine, unsere Betonung aber vermittelt etwas anderes. Wir senden also eine doppelte Botschaft. Unser Partner wird unsere Worte in der Regel so deuten, wie wir sie betonen, nicht nach den Worten, die wir gebrauchen.

Die Art und Weise, wie wir sprechen, ist äußerst wichtig. Ein weiser Mensch hat einmal gesagt: „Eine freundliche Antwort vertreibt den Zorn." Wenn Ihr Partner wegen einer bestimmten Sache wütend wird und in der Hitze des Gefechts bissige Bemerkungen von sich gibt, werden Sie – wenn Sie sich entschließen, liebevoll zu sein – die Diskussion nicht noch weiter aufheizen, sondern leise und besonnen antworten. Wenn Ihre Motivation eine andere ist als die Ihres Partners, können Sie ihm das mit freundlichen Worten erklären. Es macht einen großen Unterschied, wenn Sie nicht darauf beharren, dass Ihre Sichtweise der Dinge die einzig logische ist, sondern stattdessen nach einem Kompromiss und Versöhnung suchen. Das ist reife Liebe – die Liebe, nach der wir streben, wenn wir in unserer Partnerschaft wachsen wollen.

Die Liebe führt nicht Buch über Verfehlungen.

Sie bringt nicht immer wieder zur Sprache, dass das Gegenüber etwas falsch gemacht hat. Niemand von uns ist vollkommen. In der Ehe tun wir nicht immer das Beste oder das Richtige. Wir haben unseren Partner mit Worten und Taten verletzt. Die Vergangenheit kann man nicht auslöschen. Wir können nur zu unseren Fehlern stehen, um Vergebung bitten und versuchen, es in Zukunft besser zu machen.

Am besten lassen wir die Fehler der Vergangenheit Geschichte sein. Ja, sie sind geschehen. Es hat damals geschmerzt und vielleicht schmerzt es noch heute. Aber der andere hat seinen Fehler eingestanden und um Vergebung gebeten. Wir können Vergangenes zwar nicht ungeschehen machen, aber wir können es als Teil unserer Lebensgeschichte akzeptieren. Wir können uns dazu entscheiden, heute befreit von den Fehlern der Vergangenheit zu leben.

Vergebung ist kein Gefühl, sondern eine bewusste Entscheidung. Es ist eine Ausdrucksform der Liebe.

Höfliche Worte

Die Liebe bittet, sie fordert nicht. Wenn ich bestimmte Dinge von meinem Partner fordere, dann werde ich zum Elternteil und er zum Kind. In der Ehe sind wir jedoch gleichberechtigte, erwachsene Partner. Natürlich sind wir nicht vollkommen, aber wir sind erwachsen und wir begegnen uns auf Augenhöhe. Wenn wir wirklich Nähe in unserer Beziehung herstellen wollen, müssen wir die Bedürfnisse des andern kennenlernen. Wenn wir einander lieben wollen, müssen wir wissen, was der andere sich wünscht.

Doch die Art, wie wir diese Sehnsüchte ausdrücken, ist extrem wichtig. Kommen sie bei dem Partner als Forderung an, geht er in die Defensive und zieht sich zurück. Schaffen wir es aber, unsere Bedürfnisse und Sehnsüchte als Bitten zu formulieren, dann laden wir den anderen ein, sich auf uns einzulassen, ohne ihm ein Ultimatum zu stellen.

EDEN ARTS

Verschiedene Dialekte der Ermutigung

Lob und Anerkennung ist eine der fünf Liebessprachen. Innerhalb dieser Sprache gibt es allerdings verschiedene Dialekte. Bei jedem dieser Dialekte geht es darum, den Ehepartner mit anerkennenden Worten zu ermutigen. Wenn Sie in Zukunft einen Vortrag über die Liebe hören oder einen Freund etwas Positives über einen anderen Menschen sagen hören, dann schreiben Sie es auf. Im Laufe der Zeit werden Sie eine ganze Reihe von Sätzen sammeln, die Sie nutzen können, um Ihrem Partner Ihre Liebe zu zeigen.

Vielleicht versuchen Sie auch einmal, indirekt anerkennende Worte über Ihren Partner zu sagen. Damit meine ich, dass Sie positive Dinge über Ihren Ehepartner sagen könnten, selbst wenn dieser gerade nicht anwesend ist. Irgendwann wird ein anderer Ihrem Partner davon erzählen, und das wird ihm Ihre Liebe besonders deutlich zeigen. Erzählen Sie Ihrer Schwiegermutter, was für eine großartige Ehefrau Sie haben. Wenn sie es dann ihrer Tochter erzählt, wird es eine noch stärkere Wirkung haben. Loben Sie Ihren Partner aber auch in Gegenwart anderer. Wenn Sie öffentlich für eine besondere Leistung geehrt werden, achten Sie darauf, dass Sie auch Ihrem Partner oder Ihrer Partnerin für ihre Unterstützung danken. Sie könnten darüber hinaus versuchen, lobende und anerkennende Worte zu Papier zu bringen, denn Geschriebenes liest man immer und immer wieder.

Das Ziel der Liebe ist nicht, die eigenen Wünsche erfüllt zu bekommen, sondern zum Wohlergehen des Partners beizutragen.

Wenn Lob und Anerkennung die Liebessprache Ihres Partners ist:

- Erinnern Sie sich immer wieder daran, dass Worte sehr wichtig sind!
- Schreiben Sie ihm/ihr einen Liebesbrief.
- Nehmen Sie sich vor, Ihrem Partner einen Monat lang jeden Tag ein Kompliment zu machen.

Zweisamkeit

Liebessprache Nummer 2

Wenn ich mit meiner Frau zusammen auf dem Sofa sitze und wir uns zwanzig Minuten lang unsere ungeteilte Aufmerksamkeit schenken, dann schenken wir uns letztlich zwanzig Minuten unseres Lebens. Diese zwanzig Minuten werden wir nie mehr miteinander verbringen können, wenn wir es nicht jetzt tun. Zweisamkeit vermittelt deutlich das Gefühl, geliebt zu sein.

Miteinander, statt nebeneinander

Ein zentraler Punkt in dieser Liebessprache ist das Zusammensein. Damit meine ich nicht, dass man sich einfach nur im selben Raum befindet. Zwei Menschen, die auf demselben Sofa sitzen, sind zwar nahe beieinander, aber sie sind sich nicht unbedingt nahe. Zusammensein hat etwas mit Aufmerksamkeit und Auf-den-anderen-Achten zu tun. Wenn ein Vater auf dem Boden sitzt und seinem zweijährigen Sohn einen Ball zurollt, dann gilt seine Aufmerksamkeit nicht dem Ball, sondern

seinem Sohn. In diesem Moment, egal wie lange er dauert, sind Vater und Sohn zusammen – sie sind sich nahe. Wenn der Vater jedoch gleichzeitig ein Telefongespräch führt, dann richtet sich seine Aufmerksamkeit nicht mehr ungeteilt auf seinen Sohn.

Das gleiche gilt auch für ein Ehepaar, das zum Beispiel gemeinsam Tennis spielt. Die beiden verbringen wichtige gemeinsame Zeit miteinander, wenn die Betonung nicht auf dem Spiel liegt, sondern darauf, dass sie Zeit miteinander verbringen. Denn es kommt darauf an, was auf der emotionalen Ebene passiert.

Zwiegespräch

Wie schon bei der ersten Liebessprache gibt es auch in dieser viele Dialekte. Einer der verbreitetsten ist der intensive Gedankenaustausch. Damit meine ich das Zwiegespräch, bei dem über Erfahrungen, Gedanken, Gefühle und Sehnsüchte in einer entspannten Atmosphäre gesprochen wird.

Das Zwiegespräch unterscheidet sich deutlich von der ersten Liebessprache. Bei Lob und Anerkennung kommt es darauf an, was wir *sagen*, beim Zwiegespräch aber ist wichtig, was wir *hören*. Wenn ich meinem Partner meine Liebe dadurch zeigen möchte, dass ich Zeit mit ihm verbringe, dann muss ich lernen, ihm zuzuhören und ihn besser zu verstehen.

Jede Beziehung braucht in einem gewissen Maß diese Art des Zuhörens, um die Gedanken, Gefühle und Wünsche des anderen zu verstehen. Zuhören kann man lernen, auch wenn es manchen von uns wie eine schwere Fremdsprache vorkommen mag. Doch wir müssen es lernen, wenn wir unserem Partner unsere Liebe zeigen wollen – vor allem dann, wenn seine Liebessprache die Zweisamkeit ist. Hier sind ein paar Tipps, die Ihnen dabei helfen können:

Zweisamkeit ist ungeteilte Aufmerksamkeit.

- Halten Sie Augenkontakt, wenn Ihr Partner oder Ihre Partnerin spricht.
- Wenn Sie Ihrem Partner zuhören, sollten Sie nichts anderes nebenbei tun.
- Hören Sie genau hin, was den andern bewegt, während er spricht. Fragen Sie sich: „Was bewegt meinen Partner im Augenblick?
- Beachten Sie die Körpersprache. Geballte Fäuste, zitternde Hände, Tränen, Stirnrunzeln und ein umherschweifender Blick geben Ihnen Hinweise darauf, wie sich der andere gerade fühlt.
- Halten Sie sich zurück und unterbrechen Sie den Partner nicht.

Reden will gelernt sein

Zu einer guten Kommunikation gehört aber nicht nur verständnisvolles Zuhören sondern auch, dass man sich selbst dem anderen öffnet. Wenn eine Frau sagt: „Ich wünschte mir so, dass mein Mann mit mir redet. Ich weiß nie, was er wirklich denkt und fühlt", dann sehnt sie sich nach Nähe. Damit sie sich von ihm geliebt fühlt, muss er etwas von sich preisgeben. Ist die Zweisamkeit ihre Liebessprache und das Zwiegespräch ihr Dialekt, wird sie sich erst dann wirklich von ihm geliebt fühlen, wenn er seine Gedanken und Gefühle mit ihr teilt.

Nicht jeder von uns hat Schwierigkeiten mit seinen Gefühlen, aber wenn es um das Reden darüber geht, hat jeder mit seiner eigenen Persönlichkeit zu kämpfen. Mir sind in meiner Arbeit zwei Persönlichkeitstypen begegnet. Da sind einmal die Menschen, die ich als *Totes Meer* bezeichnen würde. In dem kleinen Land Israel fließt der Jordan von seinen Quellen im Hermongebirge durch den See Genezareth bis ins Tote Meer. Das Tote Meer wiederum hat keinen Abfluss. Es nimmt ständig Wasser auf, gibt aber nichts mehr her. Dieser Persönlichkeitstyp macht den ganzen Tag über Erfahrungen und nimmt die verschiedensten Eindrücke auf. Er besitzt ein riesiges Reservoir, in dem all diese Informationen gespeichert werden. Dabei sind diese Menschen vollauf zufrieden, wenn sie nicht reden müssen.

Das andere Extrem ist der plätschernde Bach. Bei diesen Menschen ist es so, dass alle Eindrücke auf kürzestem Weg von Auge und Ohr wieder zum Mund herauskommen. Dazwischen vergeht oft nicht einmal eine Minute. Sie sehen etwas, sie hören etwas und schon sagen sie etwas dazu.

Sehr häufig heiratet ein plätschernder Bach ein Totes Meer. Das kommt daher, dass sich Gegensätze anziehen – vor allem in der Verliebtheitsphase.

Doch nach fünf Jahren Ehe wacht der plätschernde Bach eines Morgens auf und sagt: „Wir sind jetzt fünf Jahre verheiratet, aber ich kenne meinen Partner überhaupt nicht." Und der Schweigsame wird sagen: „Ich kenne meine Frau in- und auswendig. Wenn sie doch einmal eine Pause machen und mir Zeit zum Atemholen geben würde." Die gute Nachricht ist aber, dass Tote Meere das Reden lernen können und plätschernde Bäche das Zuhören. Unsere Persönlichkeit beeinflusst zwar unser Verhalten, sie kontrolliert es aber nicht.

Eine Möglichkeit, neue Verhaltensmuster zu lernen, besteht darin, sich jeden Tag Zeit zu nehmen, um über drei Erlebnisse und die damit verbundenen Gefühle zu reden. Für mich ist das die tägliche „Minimalanforderung" für eine gesunde Ehe. Wenn Sie mit dem täglichen Minimum anfangen, werden Sie feststellen, dass nach ein paar Wochen oder Monaten das vertiefende Zwiegespräch schon viel leichter fällt.

Gemeinsame Unternehmungen

Ein weiterer Dialekt der Liebessprache Zweisamkeit sind gemeinsame Unternehmungen. Das kann alles sein, was Ihnen beiden oder auch nur einem von Ihnen Spaß macht. Entscheidend ist nicht, was man tut, sondern warum man es tut. Das Ziel ist, gemeinsam etwas zu erleben und mit dem Gefühl nach Hause zu kommen: „Meinem Partner liegt etwas an mir. Er ist bereit, mit mir etwas zu unternehmen, was mir gefällt, und er macht es gern." Das ist Liebe und für manche Menschen spricht sie so am lautesten und deutlichsten.

Ein Nebenprodukt dieser gemeinsamen Unternehmungen ist das Guthaben an schönen Erinnerungen, auf das man später immer zurückgreifen kann. Ein Paar ist glücklich zu nennen, das sich an gemeinsame Strandspaziergänge am frühen Morgen erinnern kann, an das Frühjahr, als sie den Blumengarten angelegt haben, und an den einzigen gemeinsamen Skiurlaub, bei dem er sich auch noch das Bein gebrochen hat. Das sind Erinnerungen, die die Liebe wachhalten, besonders für jene Menschen, deren Muttersprache der Liebe die Zweisamkeit ist.

Viele von uns haben es gelernt,
Probleme zu erkennen und Lösungen zu finden.
Wir vergessen allerdings oft,
dass die Ehe keine zu erfüllende Aufgabe und
kein zu lösendes Problem ist, sondern eine lebendige Beziehung.

Wenn Zweisamkeit die Liebessprache Ihres Partners ist:

- Machen Sie einen Spaziergang zu zweit durch die Gegend, wo einer von Ihnen aufgewachsen ist. Fragen Sie Ihren Partner nach seiner Kindheit: Was sind die schönsten Erinnerungen an die Kindheit, was die schmerzhaftesten?

- Bitten Sie Ihren Partner um eine Liste mit fünf Aktivitäten, die er gerne einmal mit Ihnen unternehmen möchte.

- Planen Sie einen Wochenendurlaub nur für Sie beide im Verlauf der nächsten sechs Monate ein. Im Mittelpunkt soll die Entspannung stehen und dass Sie etwas tun, was Ihnen beiden Spaß macht.

- Nehmen Sie sich jeden Tag etwas Zeit füreinander, um über Dinge zu sprechen, die am Tag passiert sind.

Geschenke

Liebessprache Nummer 3

Ein Geschenk kann man in die Hand nehmen und man kann sagen: „Sieh an, er hat an mich gedacht“ oder: „Sie hat mich doch nicht vergessen.“ Wenn ich jemanden beschenke, dann beschäftige ich mich gedanklich mit ihm und das Geschenk ist ein Symbol dafür. Es spielt dabei überhaupt keine Rolle, ob es Geld gekostet hat. Entscheidend ist nur, dass da jemand an mich gedacht hat. Aber nicht der flüchtige Gedanke selbst zählt, sondern die konkrete Tatsache, dass ich ein Geschenk besorge, um jemandem meine Liebe zu zeigen.

Was wir zu einem Geschenk machen, bleibt allein unserer Fantasie überlassen. Es kann groß oder klein sein, teuer oder kostenlos. Wer die Liebessprache des Schenkens spricht, der fragt nicht nach dem Preis. Wenn allerdings der Millionär seiner Frau immer nur Ein-Euro-Geschenke macht, könnte sie sich schon fragen, ob das ein Ausdruck seiner Liebe ist. Sind dem Familienbudget allerdings enge Grenzen gesetzt, kann das Geschenk für den einen Euro genau dieselbe Sprache der Liebe sprechen wie das Millionengeschenk des Reichen.

Geschenke und das liebe Geld

Wenn Sie es lernen wollen, schöne und fantasievolle Geschenke zu machen, dann muss sich möglicherweise Ihre Einstellung zum Geld verändern. Jeder von uns hat seine ganz eigene Meinung, wozu Geld da ist, und wir haben ganz unterschiedliche Empfindungen dabei, was das Geldausgeben betrifft. Manche von uns geben gerne Geld aus und fühlen sich gut, wenn sie das tun. Andere sparen und investieren lieber.

Wenn das Geld bei Ihnen locker sitzt, wird es Ihnen nicht schwerfallen, Geschenke für den Partner einzukaufen. Doch wenn Sie zum Sparen neigen, werden Sie einen emotionalen Widerstand verspüren, wenn Sie darüber nachdenken, Geld auszugeben, um Ihre Liebe zu zeigen.
Wenn Sie feststellen, dass Ihr Partner das Schenken als Muttersprache der Liebe spricht, dann sollten Sie begreifen, dass alles, was Sie für Geschenke ausgeben, die allerbeste Investition ist. Sie investieren in Ihre Beziehung und Sie füllen den Liebestank dessen, den Sie lieben. Mit einem vollen Liebestank aber wird er oder sie Ihre Liebe erwidern, und zwar in *Ihrer* Muttersprache der Liebe.

Sich selbst verschenken

Es gibt ein Geschenk, das man nicht mit Händen greifen kann und das doch lauter spricht als ein materielles Geschenk. Es ist das Geschenk der eigenen Person, das Geschenk der persönlichen Gegenwart. Da zu sein, wenn der Partner uns braucht, ist ein unmissverständliches Signal für denjenigen, dessen persönliche Liebessprache das Schenken ist.

Sie können Ihrem Partner,
der die Liebessprache des Schenkens spricht,
kein größeres Geschenk machen,
als gegenwärtig zu sein in Zeiten der Krise.

Sonia sagte einmal zu mir: „Mein Mann liebt den Fußball mehr als mich."
„Warum glauben Sie das?", fragte ich nach.
„Am Tag, als unser Baby geboren wurde, hat er Fußball gespielt. Ich lag den ganzen Nachmittag im Krankenhaus, während er auf dem Fußballplatz war", antwortete sie.
„War er dann wenigstens bei der Geburt dabei?"
„Das schon. Er war gerade so lange da, bis das Baby geboren war. Dann zog er schon wieder los, um weiterzuspielen. Ich war fix und fertig. Es war doch ein so entscheidender Augenblick in unser beider Leben."

Auch wenn dieser Mann ihr tausend Rosen geschickt hätte, sie hätten nicht dasselbe gesagt wie eine Stunde seiner Gegenwart an ihrem Bett im Krankenhaus. Ich bemerkte, dass Sonia tief verletzt war durch dieses Erlebnis. Das *Baby* war inzwischen 15 Jahre alt, aber als sie mir von diesem Ereignis erzählte, war alles für sie gefühlsmäßig so gegenwärtig, als sei es erst gestern geschehen. Ich ließ nicht locker: „Sind Sie besonders durch dieses Ereignis auf den Gedanken gekommen, er liebe das Fußballspielen mehr als Sie?"
„Nein, es war nicht nur dieses Ereignis. Er hat auch Fußball gespielt, als meine Mutter beerdigt wurde."
„Da hat er auch Fußball gespielt?"
„Ja. Er kam zwar zur Beerdigung, aber sie war kaum vorüber, da machte er sich schon wieder auf den Weg zum Fußballplatz. Ich wollte es einfach nicht glauben. Meine Geschwister kamen noch mit zu uns nach Hause, aber mein Mann ging Fußball spielen."

Später fragte ich Tony nach diesen beiden Vorfällen. Er wusste genau, wovon ich sprach. „Ich dachte mir schon, dass sie das wieder aufwärmen würde", sagte er. „Ich war die ganze Zeit bei ihr, als sie ihre Wehen hatte und als das Baby geboren wurde. Ich habe Bilder gemacht. Ich war so glücklich und konnte es kaum abwarten, meinen Kumpels vom Verein davon zu erzählen. Es war wie eine kalte Dusche, als ich am Abend wieder ins Krankenhaus kam. Sie war so wütend auf mich. Ich wusste erst gar nicht, was sie wollte. Ich hatte gedacht, sie würde sich freuen, weil ich den andern gleich alles erzählen wollte."

„Was den Tod ihrer Mutter anbetrifft, da hat sie wahrscheinlich verschwiegen, dass ich mir, bevor sie starb, eine ganze Woche freigenommen hatte. Die ganze Woche über war ich bei ihr im Krankenhaus gewesen und auch im Haus meiner Schwiegermutter hatte ich geholfen, wo es nur ging. Nachdem sie gestorben war, hatte ich das Gefühl, alles getan zu haben, was zu tun war. Ich brauchte eine kleine Verschnaufpause. Ich spiele leidenschaftlich gern Fußball. Und ich wusste, dass es mich entspannen und einiges von dem Stress abbauen würde, unter dem ich damals stand. Ich dachte, es wäre ihr sogar recht, wenn ich einmal etwas anderes sehen würde.

Ich war der Meinung, das getan zu haben, was für sie wichtig war, aber es war nicht genug. Sie hat dafür gesorgt, dass ich diese zwei Tage wohl nie vergessen werde. Sie behauptet immer noch, Fußball sei mir wichtiger als sie. Aber das ist lächerlich."

Er war aufrichtig und ehrlich, hatte aber nicht begriffen, welche Kraft darin steckt, wenn man sich selbst verschenkt. Für seine Frau war es am wichtigsten, dass er für sie da war. Die persönliche Anwesenheit in einer Krisensituation ist das größte Geschenk, das man seinem Partner überhaupt machen kann, wenn Geschenke seine Sprache der Liebe sind.

Wenn Ihnen die persönliche Gegenwart des Ehepartners wichtig ist, dann sollten Sie ihm das auf jeden Fall sagen. Verlangen Sie nicht, dass er Ihre Gedanken lesen kann. Wenn umgekehrt der Partner zu Ihnen sagt: „Ich möchte wirklich, dass du heute bei mir bist", dann nehmen Sie diese Bitte ernst.

Fast alles, was zum Thema Liebe geschrieben worden ist, deutet darauf hin, dass die Bereitschaft, etwas zu schenken, zum Kern der Liebe gehört. Bei allen fünf Sprachen der Liebe geht es darum, unserem Ehepartner etwas zu schenken. Aber für manche ist die Aussagekraft eines Geschenkes größer als alles andere.

Wenn das Schenken die Liebessprache Ihres Partners ist:

- Wie wäre es, wenn Sie Ihren Partner zum Geburtstag oder Hochzeitstag sieben Tage hintereinander beschenken?

- Entdecken Sie, wie wertvoll „handgearbeitete Originale“ sind. Machen Sie Ihrem Partner ein selbst gemachtes Geschenk.

- Legen Sie sich ein Notizbuch zu, in dem Sie Geschenkideen festhalten. Jedes Mal, wenn Sie Ihren Partner sagen hören, dass ihm etwas besonders gut gefällt, schreiben Sie es in Ihr Heft.

- Machen Sie Ihrem Partner ein nachhaltiges Geschenk. Pflanzen Sie einen Baum oder einen Blütenstrauch, an dem er sich erfreuen ann.

Hilfsbereitschaft

Liebessprache Nummer 4

Jesus Christus gab uns ein schlichtes, aber auch sehr beeindruckendes Beispiel dafür, wie man Liebe durch einen Dienst zum Ausdruck bringt: Er wusch seinen Jüngern die Füße. Damals, als die Menschen Sandalen trugen und über schmutzige Straßen gehen mussten, war es noch Sitte, dass der Diener des Hauses den ankommenden Gästen die Füße wusch. Jesus, der seine Jünger gelehrt hatte, einander zu lieben und füreinander da zu sein, gab ihnen ein Beispiel, wie diese Liebe sichtbar werden kann, indem er Schüssel und Handtuch nahm und anfing, ihnen die Füße zu waschen. (Johannes 13,3-17)

Schon zuvor hatte Jesus davon gesprochen, dass die Großen in seinem Reich allesamt Diener sein würden. In den meisten Gesellschaften ist es zwar so, dass die Großen über die Kleinen herrschen, aber Jesus Christus verkündete, dass die Erhabenen im Dienst des Nächsten stehen würden. Paulus fasste diese Lebenseinstellung in einem einzigen Satz zusammen: „Dienet einander durch die Liebe!“ (Galater 5,13)

Fußabtreter oder geliebter Mensch

„Zwanzig Jahre habe ich mich aufopferungsvoll um ihn gekümmert. Ich war praktisch sein Fußabtreter und er hat mich noch nicht einmal wahrgenommen. Er hat mich misshandelt und mich vor Freunden und Verwandten gedemütigt. Ich hasse ihn nicht. Ich wünsche ihm nichts Schlechtes, aber ich nehme es ihm übel und nun möchte ich nicht mehr mit ihm leben." Diese Frau hat sich zwanzig Jahre lang hilfsbereit gezeigt, aber das war kein Ausdruck ihrer Liebe. Sie hatte es aus Furcht, Schuldgefühlen und Unmut getan.

Ein Fußabtreter ist ein lebloses Objekt. Man kann seine Schuhe darauf abstreifen, darauf herumtrampeln, ihn in die Ecke schleudern oder sonst etwas mit ihm anstellen. Er hat keinen eigenen Willen. Er wird Ihnen zwar nützlich sein, niemals aber ein liebevolles Gegenüber. Wenn wir unseren Partner wie ein Objekt behandeln, schließen wir Liebe von vornherein aus. Manipulation durch Schuldgefühle („Wenn du eine gute Partnerin wärst, würdest du das für mich tun") ist keine Sprache der Liebe. Zwang, indem man dem andern droht („Du machst das oder du wirst es bereuen"), ist der Liebe völlig fremd. Kein Mensch sollte jemals zum Fußabtreter degradiert werden.

Die Liebe sagt: „Ich liebe dich viel zu sehr, als dass ich mich von dir so behandeln lasse. Es tut uns beiden nicht gut."

Jede Bitte weist der Liebe den Weg, aber jede Forderung bringt sie zum Erliegen.

EDEN ARTS

Stereotypes Denken

Wer Hilfsbereitschaft als Sprache der Liebe lernen will, muss unter Umständen bereit sein, die stereotypen Rollen von Mann und Frau in der Ehe noch einmal unter die Lupe zu nehmen. Diese haben sich im Lauf der letzten Jahrzehnte verändert, doch Rollenmodelle aus der Vergangenheit können noch lange umhergeistern und unterschiedliche Kulturen haben auch unterschiedliche Erwartungen daran, wie man Dinge in der Ehe „richtig“ anpackt.

Dave tat das, was viele von uns normalerweise tun. Er übernahm einfach das Rollenmodell seiner Eltern, doch leider nicht komplett. Sein Vater wusch das Auto und mähte den Rasen. Das tat Dave nicht, und doch war das sein Bild von dem, was ein Ehemann tun sollte. Jedenfalls konnte er sich nicht das Wohnzimmer saugen oder die Windeln wechseln sehen. Trotzdem war er bereit, sein stereotypes Rollenverständnis zu verändern, als er merkte, wie wichtig seiner Frau Mary diese Dinge waren. Das müssen wir letztlich alle tun, wenn die Liebessprache unseres Ehepartners etwas von uns fordert, das nicht mit unserem Rollenverständnis in Einklang zu bringen ist.

Vergessen Sie nicht: Man bekommt keinen Preis dafür, dass man alte Rollenklischees aufrechterhält, doch es tut unglaublich gut, sich auf die emotionalen Bedürfnisse des Partners einzulassen. Wenn Hilfsbereitschaft die Liebessprache Ihres Partners ist, dann bedeuten Taten so viel mehr als Worte.

Die Bereitschaft, Stereotypen noch einmal unter die Lupe zu nehmen und zu verändern, ist wichtig, wenn wir dem anderen unsere Liebe noch besser zeigen wollen.

Vor kurzem sagte eine Frau zu mir: „Dr. Chapman, ich werde alle meine Freundinnen zu einem Ihrer Seminar schicken."

„Warum wollen Sie das denn tun?", fragte ich.

„Weil es unsere Ehe so grundlegend verändert hat", antwortete sie. „Vor Ihrem Seminar hat mir Bob nie bei irgendetwas geholfen. Wir sind beide direkt nach der Uni in den Beruf eingestiegen. Trotzdem war es immer meine Aufgabe, den Haushalt zu erledigen. Irgendwie schien es ihm nie in den Sinn zu kommen, mir bei der Arbeit zu helfen. Nachdem wir aber Ihr Seminar besucht hatten, fing er plötzlich an mich zu fragen: ‚Kann ich dir heute Abend bei irgendetwas helfen?' Es ist unglaublich. Am Anfang konnte ich gar nicht glauben, dass er es ernst meinte, doch er hat in den letzten drei Jahren nicht damit aufgehört. Ich muss zugeben, dass es am Anfang manchmal schwierig, aber auch witzig war, weil er ja von den meisten Dingen keine Ahnung hatte. Das erste Mal, als er sich um die Wäsche kümmerte, stellte er eine viel zu hohe Temperatur ein. Seine Pullis passten danach nur noch einem Baby. Doch er zeigte mir seine Liebe in meiner Liebessprache und mein Liebestank füllte sich stetig. Glauben Sie mir. Ich habe seine Liebessprache auch gelernt und unsere Ehe hat sich dadurch wirklich verändert."

Ist es tatsächlich so einfach?

Einfach? Ja. Leicht? Nein. Bob leistete harte Arbeit, als er sein Rollenverständnis, das für ihn fünfunddreißig Jahre lang selbstverständlich gewesen war, hinterfragte und überwand. Es war nicht leicht, und doch würde er bestätigen können, dass sich die Arbeit mehr als lohnt. Denn seine Ehe ist heute eine ganz andere.

Die Liebessprache des anderen zu lernen und zu sprechen macht einen großen Unterschied und verbessert die Atmosphäre in einer Ehe enorm.

Wenn Hilfsbereitschaft die Liebessprache Ihres Partners ist:

- Machen Sie eine Liste von den Dingen, um die Sie Ihr Partner in den letzten Wochen gebeten hat. Suchen Sie sich für jede Woche eines der Dinge aus und tun Sie es als Ausdruck Ihrer Liebe.

- Schreiben Sie Ihrem Partner alle drei Tage eine liebevolle Bemerkung auf einen Zettel und helfen Sie ihm an diesem Tag da, wo er gerade Hilfe braucht.

- Versuchen Sie die Kinder in einen dieser praktischen Hilfsdienste für Ihren Partner mit einzubeziehen.

Zärtlichkeit

Liebessprache Nummer 5

Schon lange wissen wir, dass Zärtlichkeiten eine Ausdrucksform der Liebe sind.

Kleinkinder, die in den Arm genommen, gestreichelt und geküsst werden, entwickeln sich seelisch gesünder als Babys, die über längere Zeit ohne Körperkontakt auskommen müssen.

Zärtlichkeiten vermitteln auch Erwachsenen das Gefühl, geliebt zu sein. Händchen halten, Küssen, Umarmen und miteinander Schlafen geben dem Partner zu verstehen: Du bist geliebt. Für manche Menschen ist Zärtlichkeit ihre Muttersprache der Liebe. Ohne sie haben sie das Gefühl, nicht geliebt zu werden. Doch wenn sie Zärtlichkeit erfahren, wird ihr Liebestank gefüllt, und in der Liebe ihres Partners fühlen sie sich geborgen.

Zu einem Menschen, dessen Muttersprache der Liebe Zärtlichkeit ist, wird eine zärtliche Berührung sehr viel deutlicher durchdringen als bloße Sätze wie „Ich liebe dich". Ein Schlag ins Gesicht schadet jedem Kind, aber wenn es Zärtlichkeit als Muttersprache der Liebe spricht, ist es am Boden zerstört. Eine zärtliche Umarmung vermittelt jedem Kind, dass es geliebt wird, aber wenn seine Muttersprache der

Liebe Zärtlichkeit ist, kommt diese Botschaft besonders laut und deutlich an. Für Erwachsene gilt dasselbe.

In der Ehe kann eine liebevolle Berührung in vielen Formen daherkommen. Weil sich fast überall unter der Haut Tastrezeptoren finden, können Sie Ihren Partner fast überall zärtlich berühren und damit Ihre Liebe zum Ausdruck bringen. Das bedeutet allerdings nicht, dass alle Berührungen gleich gut sind. Manche wird Ihr Partner als angenehm empfinden, andere weniger. Natürlich weiß Ihr Partner oder Ihre Partnerin das selbst am besten, deshalb sollten Sie sich von ihm oder ihr darin leiten lassen, was als liebevoll empfunden wird. Bestehen Sie nicht darauf, den Partner so zu berühren, wie Sie es mögen würden.

Es gibt die Zärtlichkeiten, die wir bewusst und mit viel Hingabe austauschen: zum Beispiel eine Rückenmassage oder das Vorspiel, das im Geschlechtsverkehr seinen Höhepunkt findet. Andererseits können liebevolle Berührungen auch ganz beiläufig sein und nur einen Augenblick dauern, wenn Sie Ihrem Mann zum Beispiel die Hand auf die Schulter legen, während er sich eine Tasse Kaffee eingießt, oder wenn Sie auf dem Weg zur Küche bewusst und zärtlich den Körper Ihrer Frau streifen. Die bewussten Zärtlichkeiten brauchen Zeit, weil wir erst verstehen lernen müssen, wie wir auf diese Weise unserem Partner unsere Liebe zeigen können. Wenn die Rückenmassage für Ihren Partner eine eindeutige Ausdrucksform der Liebe ist, dann lohnt sich jeder Aufwand für das Erlernen einer gekonnten Massagetechnik. Wenn der Liebesakt der wichtigste Dialekt Ihres Partners ist, wird Ihre Ausdrucksfähigkeit nur noch größer werden, wenn Sie über die Kunst der körperlichen Liebe miteinander reden oder auch Bücher darüber lesen.

Berührungen können eine Beziehung knüpfen oder sie zerstören. Sie können Hass vermitteln oder Liebe.

Die kleinen Zärtlichkeiten des Alltags erfordern nicht allzu viel Zeit, aber Gedanken sollte man sich schon darüber machen. Besonders dann, wenn Zärtlichkeiten nicht zu Ihrer eigenen Liebessprache gehören und Sie in einer Familie aufgewachsen sind, in der Zärtlichkeiten nicht gerade gang und gäbe waren. Wenn Sie nebeneinander auf dem Sofa sitzen und Ihre Lieblingssendung im Fernsehen schauen, könnten Sie sich aneinanderkuscheln. Das kostet gar keine Extrazeit, kann aber laut und deutlich Ihre Liebe zum Ausdruck bringen. Ihren Partner zu berühren, wenn Sie durchs Zimmer gehen, dauert nur einen Augenblick. Eine Berührung, wenn Sie das Haus verlassen und wieder nach Hause kommen, etwa ein flüchtiger Kuss oder eine Umarmung, kann Ihrem Partner oder Ihrer Partnerin sehr viel bedeuten.

Der Körper braucht Zärtlichkeit

Sie oder mich gibt es nicht ohne unsere Körper. Wer unseren Körper berührt, berührt uns selbst. Wer sich von unserem Körper zurückzieht, distanziert sich auch emotional von uns. In unserer Gesellschaft ist der Handschlag ein Zeichen für Kontaktbereitschaft und soziale Nähe zu einem anderen Menschen. Wenn jemand sich aber weigert, einem anderen zur Begrüßung die Hand zu reichen, dann ist dies ein sichtbares Zeichen dafür, dass etwas nicht stimmt zwischen den beiden.

Zärtlichkeit in Krisenzeiten

Gerade in Krisenzeiten suchen wir instinktiv die Nähe des andern. Dies tun wir, weil der Körperkontakt immer ein wirkungsvoller Kommunikator der Liebe ist. Wenn wir in Schwierigkeiten stecken, brauchen wir nichts so sehr wie das Gefühl, geliebt zu werden.

In allen Ehen wird es irgendwann Krisen geben. Der Tod der Eltern ist unentrinnbar. Durch Autounfälle werden jedes Jahr Tausende getötet oder schwer verletzt. Krankheiten kennen kein Ansehen der Person. Enttäuschungen gehören zum Leben dazu. Das Wichtigste, was Sie in Krisenzeiten für Ihren Partner tun können, ist, ihn zu lieben. Wenn Zärtlichkeit seine Muttersprache der Liebe ist, ist nichts wichtiger, als Ihren Partner im Arm zu halten, wenn er weint. Ihre Worte mögen vielleicht in diesem Augenblick nicht zu ihm durchdringen, aber Berührungen werden Ihrem geliebten Menschen signalisieren, dass Sie sich um ihn kümmern. Gerade die Krisen bieten uns Gelegenheit, unsere Liebe unter Beweis zu stellen. Ihre Zärtlichkeit in einer bestimmten Situation wird noch lange im Gedächtnis haften bleiben, auch wenn die Krise längst überwunden ist. Zeigen Sie aber in solch einer Situation dem anderen die kalte Schulter, so wird er Ihnen das vielleicht niemals vergessen.

Wenn Zärtlichkeit die Liebessprache Ihres Partners ist:

- Schlendern Sie Hand in Hand durch die Stadt oder den Park.
- Wenn Sie gemeinsam bei guten Freunden eingeladen sind und entspannt zusammen auf der Couch sitzen, ergreifen Sie die Hand Ihrer Partnerin.
- Geben Sie einmal den Anstoß, miteinander zu schlafen, und fangen Sie mit einer Fußmassage für Ihren Partner an. Gehen Sie über zu anderen Körperteilen, solange es für Ihren Partner angenehm ist.

Entdecken Sie Ihre Sprache der Liebe

Wenn der Liebestank Ihres Partners oder Ihrer Partnerin gefüllt bleiben soll, ist es wichtig, dass Sie seine oder ihre Muttersprache der Liebe kennen. Jetzt wollen wir aber sicherstellen, dass Sie auch Ihre eigene Sprache der Liebe kennen. Sie wissen inzwischen, welche fünf Sprachen es gibt:

Lob und Anerkennung

Zweisamkeit

Geschenke

Hilfsbereitschaft

Zärtlichkeit

Viele Menschen werden spontan sagen können, welche Sprache sie und ihr Partner sprechen. Anderen fällt es schwer, sich zu entscheiden.

EDEN ARTS

Die Liebe kann die Versäumnisse der Vergangenheit zwar nicht ungeschehen machen, aber sie kann die Zukunft verändern.

Welche Muttersprache der Liebe sprechen Sie? Wodurch wird Ihnen am deutlichsten bewusst, dass Ihr Partner Sie liebt? Wonach sehnen Sie sich am meisten? Wenn Ihnen die Antwort nicht spontan einfällt, hilft es vielleicht, umgekehrt zu fragen: Was kränkt Sie ganz besonders am Verhalten Ihres Partners? Wenn Ihnen z. B. die Kritik des Partners am meisten zu schaffen macht, dann ist wahrscheinlich Lob und Anerkennung Ihre persönliche Liebessprache. Wenn Ihr Partner das Gegenteil von dem tut, was Sie mit Ihrer Liebessprache ersehnen, dann wird es Sie besonders verletzen.

Wenn wir die Sprache der Liebe unseres Partners ignorieren, ist das nicht anders, als wenn wir unseren Garten vernachlässigen: Wenn wir kein Unkraut zupfen, weder gießen noch düngen, wird er einen langsamen Tod sterben. Wenn wir aber die Sprache der Liebe unseres Partners missbräuchlich einsetzen, um damit Schaden anzurichten, ist das so, als griffen wir zu einer Machete, um im Garten alles kurz und klein zu hauen.

Jede Sprache der Liebe ist anfällig für Manipulation. Wenn Sie etwas sagen, was Ihr Partner gerne hört, nur damit er mit Ihnen schläft, ist das nicht aufrichtig. Ebenso, wenn Sie viele Aufgaben erledigen, nur um ein Wort der Anerkennung zu hören. Wenn es Ihnen besonders wehtut, Kritik und negative Urteile von Ihrem Partner zu hören, ist Ihre Sprache der Liebe vielleicht Lob und Anerkennung. Sarkastische, hasserfüllte oder herabsetzende

Worte verletzen jeden Menschen, doch ganz besonders gilt das für jemanden, dessen Sprache der Liebe Lob und Anerkennung ist. Ganz ähnlich kann ein Mensch am Boden zerstört sein, wenn man ihm die kalte Schulter zeigt und ihn anschweigt.

Manche Menschen fühlen sich verletzt und sind wütend, weil ihr Partner nicht genug im Haus hilft. Ihre Sprache der Liebe ist eindeutig Hilfsbereitschaft. Ich habe neulich von einer Frau gehört, die sich mit ihrem Mann das ganze Wochenende lang gestritten hatte. Am Sonntag schließlich kochte sie nur etwas für sich und meinte dann zu ihrem Mann: „Mach dir dein Essen doch selbst.“ Sie verweigerte sich bei einer Aufgabe, die sie immer für ihn übernommen hatte, und zwar in dem Wissen, dass seine Sprache der Liebe Hilfsbereitschaft war.

Wenn Ihre Muttersprache der Liebe „Geschenke“ heißt, können Sie wahrscheinlich etwas mit der Geschichte von der jungen Frau anfangen, die es zu Weihnachten einmal schwer hatte. Ihr älterer Bruder hatte weder Zeit noch Mühe auf ihr Geschenk verwandt. Er schenkte ihr irgendetwas, das im Haus herumgelegen hatte – nichts, was sie brauchte, nichts, was irgendwie besonders war oder zeigte, dass er sich Gedanken gemacht hatte. Natürlich war sie zutiefst verletzt.

Mindestens so verletzend ist es, sich selbst und die eigene Gegenwart zu verweigern, wie wir am Beispiel von Sonia und ihrem Fußball spielenden Ehemann gesehen haben.

Ganz ähnlich verhält es sich mit der Frau, deren Sprache der Liebe Zweisamkeit ist. Abendessen, Fernsehen und zu Bett gehen – dieser normale Ablauf eines Abends mit ihrem Mann langweilt sie immer mehr. Und wenn ihr Mann auf Geschäftsreise ist, fällt ihr das besonders schwer. Möglicherweise sehnt sie sich auch nach ausführlicheren E-Mails als einer nichtssagenden Nachricht wie „Heute gute Besprechung – wir sehen uns morgen“.

Und körperlicher Kontakt? Berührungen können sehr leicht missbraucht werden, wie wir bereits gesehen haben. Berührungen können trösten, stärken, ermutigen, einladen, aber sie können auch körperliche und seelische Wunden schlagen. Es kann bedeutende seelische Verletzungen nach sich ziehen, jemandem Berührungen vorzuenthalten, dessen Muttersprache der Liebe Zärtlichkeit ist.

Wenn Sie Ihre Muttersprache der Liebe herausfinden wollen, hilft es, auf Ihre Ehe zurückzublicken und sich zu fragen: Worum habe ich meinen Ehepartner am häufigsten gebeten?

Wenn Ihnen dazu etwas Konkretes einfällt, hat es wahrscheinlich mit Ihrer persönlichen Liebessprache zu tun. Vielleicht haben diese wiederholten Bitten Ihren Partner auch genervt, doch sie waren in Wirklichkeit nur ein Ausdruck Ihrer Bemühungen, seine Liebe zu bekommen.

Eine weitere Methode, Ihre eigene Muttersprache der Liebe kennenzulernen, besteht darin, dass Sie sich einmal überlegen, wie Sie dem Partner gegenüber Ihre Liebe zum Ausdruck bringen. Mit einiger Wahrscheinlichkeit werden Sie genau das für den andern tun, was Sie sich selbst wünschen. Wenn Sie für Ihren Partner ständig im Einsatz sind und alles für ihn tun, dann ist möglicherweise Hilfsbereitschaft Ihre Sprache der Liebe. Wenn Sie durch Lob und Anerkennung Liebe erfahren, werden Sie Ihrerseits mit einiger Wahrscheinlichkeit dem Partner verbal Liebe vermitteln wollen. Sic finden also Ihre persönliche Liebessprache, indem Sie sich fragen: „Was tue ich ganz bewusst, um meinem Partner zu zeigen, dass ich ihn liebe?“

Je mehr wir uns zu etwas überwinden müssen, desto eindeutiger ist der Liebesbeweis.

Wie Sie Ihre eigene Liebessprache herausfinden können:

- Was kränkt Sie ganz besonders am Verhalten Ihres Partners? Das Gegenteil davon ist wahrscheinlich Ihre persönliche Liebessprache.

- Worum bitten Sie Ihren Partner besonders oft? Was wünschen Sie sich am häufigsten von ihm? Das ist dann wohl Ihre Liebessprache.

- Wie zeigen Sie Ihrer Partnerin regelmäßig, dass Sie sie lieben? Die Art und Weise, wie Sie das tun, könnte einen Hinweis darauf liefern, dass Sie sich dadurch auch selbst geliebt fühlen.

Liebe ist eine Entscheidung

Wie kann es uns gelingen, die Liebessprache des Partners zu sprechen, wenn die vergangenen Niederlagen in unserer Beziehung in uns nur Schmerz, Zorn und Verletzungen hinterlassen haben? Die Antwort auf diese Frage finden wir nur, wenn wir ein entscheidendes Wesensmerkmal unseres Menschseins berücksichtigen: Wir sind Geschöpfe mit einem freien Willen. Das schließt auch die Möglichkeit ein, schlechte Entscheidungen zu treffen, was sicher jeder von uns schon einmal getan hat. Wir verletzen andere durch Worte und Taten. Und es gibt keinen Grund, auf solche Entscheidungen stolz zu sein, auch wenn sie manchmal in der Situation gerechtfertigt erscheinen mögen. Aber falsche Weichenstellungen sind ja kein unabänderliches Schicksal. Stattdessen können wir sagen: „Es tut mir leid. Mir ist bewusst, dass ich dich verletzt habe, und ich möchte es in Zukunft anders machen: Ich möchte dich lieben, und zwar in *deiner* Sprache der Liebe. Ich möchte auf deine Bedürfnisse eingehen." Immer wieder habe ich erlebt, dass Ehen, die kurz vor der Scheidung standen, dadurch gerettet wurden, dass die Beteiligten sich ausdrücklich für die Liebe entschieden haben.

Die Liebe kann die Versäumnisse der Vergangenheit zwar nicht ungeschehen machen, aber sie kann die Zukunft verändern. Wenn wir uns entschließen, dem anderen unsere Liebe in seiner Muttersprache der Liebe zu zeigen, schaffen wir ein emotionales Klima, in dem wir mit dem Versagen und den Konflikten aus der Vergangenheit umgehen können.

Die Sprache der Liebe meiner Frau ist Hilfsbereitschaft. Um meine Liebe zu ihr zum Ausdruck zu bringen, gehe ich regelmäßig mit dem Staubsauger durch die Wohnung. Glauben Sie, staubsaugen liegt mir? Meine Mutter hat mich immer zum Staubsaugen gezwungen. Während meiner gesamten Schulzeit durfte ich samstags erst zum Fußballspielen gehen, wenn ich das ganze Haus gesaugt hatte. Damals hatte ich mir geschworen: „Wenn ich hier einmal raus bin, werde ich eins sicher nie wieder tun: Ich werde keinen Staubsauger mehr anrühren. Ich suche mir eine Frau, die das erledigt."
Doch heute sauge ich das ganze Haus, und zwar regelmäßig. Dafür gibt es nur einen Grund. Liebe.

Wir alle tun doch täglich Dinge, die uns nicht besonders liegen. Für so manchen beginnt das schon mit dem Aufstehen am frühen Morgen. Aber wir überwinden uns und stehen trotzdem auf. Warum? Weil wir glauben, dass es etwas Lohnenswertes an diesem Tag zu tun gibt. Und normalerweise sind wir noch vor dem Abend froh darüber, dass wir uns durchgerungen haben.

Das Gleiche gilt für die Liebe. Wir entdecken die Muttersprache der Liebe unseres Partners und wir entscheiden uns, sie zu sprechen, ob sie uns liegt oder nicht. Es behauptet ja niemand, man müsse ein großes Glücksgefühl dabei empfinden. Wir sind einfach nur entschlossen, dem andern etwas Gutes zu tun. Wir wollen, dass das Verlangen des andern gestillt wird, und wir erreichen das, indem wir seine Liebessprache sprechen. Dann wird der Liebestank unseres Partners gefüllt,

und die Chancen stehen gut, dass er oder sie es genauso macht und unsere Sprache der Liebe spricht. Damit bekommen wir zurück, was wir emotional investiert haben, und unser Liebestank beginnt sich zu füllen.
Wir können uns zur Liebe entschließen und jeder von uns kann noch heute damit anfangen.

Die Liebe macht den Unterschied

Die Liebe ist nicht unser einziges emotionales Bedürfnis. Psychologen haben beobachtet, dass wir eine Reihe von Grundbedürfnissen haben. Dazu gehören Sicherheit, Selbstwert und Sinn im Leben. Alle drei haben aber etwas mit Liebe zu tun.

Wenn ich mich von meinem Partner oder meiner Partnerin geliebt fühle, kann ich gelassen sein, weil ich weiß, dass er oder sie mir nichts Böses will. Ich fühle mich sicher und geborgen in der Gegenwart des andern. Im Berufsleben mag es manche Verunsicherung geben. Auch in anderen Lebensbereichen habe ich vielleicht mit Menschen zu tun, die nicht immer auf meiner Seite stehen, aber bei meinem Partner kann ich mich sicher fühlen.

Wenn ich die Erfahrung mache, dass mein Gegenüber mich liebt, kann sich auch mein Selbstwertgefühl gut entwickeln. Denn wenn er oder sie mich liebt, muss ich ja liebenswert sein. Meine Eltern haben mir vielleicht als Kind negative oder uneindeutige Botschaften mit auf den Weg gegeben und dadurch mein Selbstwertgefühl infrage gestellt. Aber mein Partner hat sich eindeutig für mich entschieden. Seine Liebe sorgt dafür, dass ich mich als wertvoll empfinden kann.

Das Bedürfnis nach Sinn im Leben steht als emotionale Triebkraft hinter einem Großteil unseres Verhaltens. Seinen Antrieb erhält unser Leben durch den Wunsch nach Erfolg. Wir alle wollen etwas erreichen, wünschen uns, dass unser Leben zählt. Jeder Mensch hat eine eigene Vorstellung davon, was es bedeutet, Spuren zu hinterlassen, und wir arbeiten hart daran, unser Ziel zu erreichen. Das Gefühl, vom Partner geliebt zu werden, verstärkt die Gewissheit, dass wir wichtig sind, dass wir für andere eine Bedeutung haben. Und daraus folgern wir: „Wenn jemand mich liebt, hat mein Leben einen Sinn."

*Das Gefühl, vom Partner geliebt zu werden,
verstärkt die Gewissheit,
dass wir wichtig sind und
dass wir für andere eine Bedeutung haben.*

Zugegeben, die Liebe ist nicht die Lösung für alles, aber sie schafft doch ein Klima der Geborgenheit, in dem es leichtfällt, Antworten auf die uns bewegenden Fragen zu finden. In der Geborgenheit der Liebe kann ein Paar sich miteinander auseinandersetzen, ohne dass die Beteiligten befürchten müssten, an den Pranger gestellt zu werden. So können Probleme gelöst werden. Zwei Menschen mit unterschiedlichen Charakteren können es tatsächlich lernen, in Harmonie zusammenzuleben und das Beste im andern zur Entfaltung zu bringen. Das schafft nur die Kraft der Liebe.